MAX GRAHAM DIXON

GRAPHIC GARDEN
LE LIVRE D'INSPIRATION

DANS LA MÊME COLLECTION

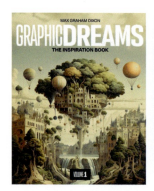 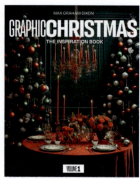 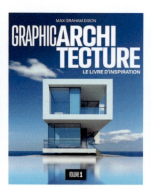 

Le code de la propriété intellectuelle interdit les copies ou reproductions destinées à une utilisation collective. Toute représentation ou reproduction intégrale ou partielle faite par quelque procédé que ce soit, sans le consentement de l'auteur ou de ses ayants cause est illiicte et constitue une contrefaçon sanctionnée par l'article L. 335-2 et suivants du Code de la propriété intellectuelle.

Dépôt légal : Mars 2024

Auteur
Max Graham Dixon
Conception graphique
TS Infographie
www.tsinfographie.fr

SOMMAIRE

01
// Jardin intimiste 06

02
// Pergola, patio, terrasse 18

03
// Gazon 34

04
// Minéral ou bois 50

05
// Chemins 92

06
// Décors & Piscines 100

07
// Parterre de fleurs 130

08
// Lumière et feu 144

09
// À la française 178

AVANT PROPOS

Bienvenue dans l'univers envoûtant du jardin et de la décoration extérieure, où la nature se mêle harmonieusement à l'art de l'aménagement. Dans ce livre dédié aux matières, aux décors de jardins et à la création d'espaces extérieurs, nous vous invitons à explorer une palette infinie d'idées et d'inspirations pour transformer votre jardin en un véritable havre de paix, où chaque coin devient une œuvre d'art à part entière.

Que vous aspiriez à recréer l'élégance classique des jardins à la française, avec leurs parterres ordonnés et leurs allées symétriques, ou que vous préfériez vous laisser envelopper par une atmosphère de lumière et de modernité, ce livre est conçu pour vous accompagner dans votre voyage créatif. Des pergolas ombragées aux piscines baignées de soleil, des terrasses animées aux jardins intimistes cachés derrière des treillis verdoyants, chaque chapitre vous transporte dans un univers unique où la nature et le design se rencontrent avec grâce.

Que vous soyez un novice passionné par les possibilités infinies de l'aménagement extérieur ou un expert en quête de nouvelles idées, ce livre est une source d'inspiration inépuisable. Plongez-vous dans ses pages et laissez-vous transporter par la magie des jardins, où chaque plante, chaque texture et chaque élément décoratif contribuent à créer un espace enchanteur, à la fois fonctionnel et esthétique.

Que votre jardin soit petit ou grand, urbain ou rural, nous croyons fermement qu'il peut devenir un refuge enchanté, un lieu où l'on se ressource et où l'on trouve inspiration et sérénité. Nous sommes ravis de vous accompagner dans cette aventure, où la beauté de la nature rencontre l'ingéniosité humaine pour créer des espaces extérieurs uniques et inoubliables.

Préparez-vous à être inspiré, à rêver et à créer, car le monde du jardinage et de la décoration extérieure n'attend que vous pour être exploré et transformé. Bienvenue dans ce voyage où chaque page est une invitation à redécouvrir la magie de l'aménagement du jardin et de la terrasse extérieure.

01

/// JARDIN INTIMISTE /

02
/// PERGOLA, PATIO, TERRASSE /

03

/// GAZON /

04

/// MINÉRAL OU BOIS /

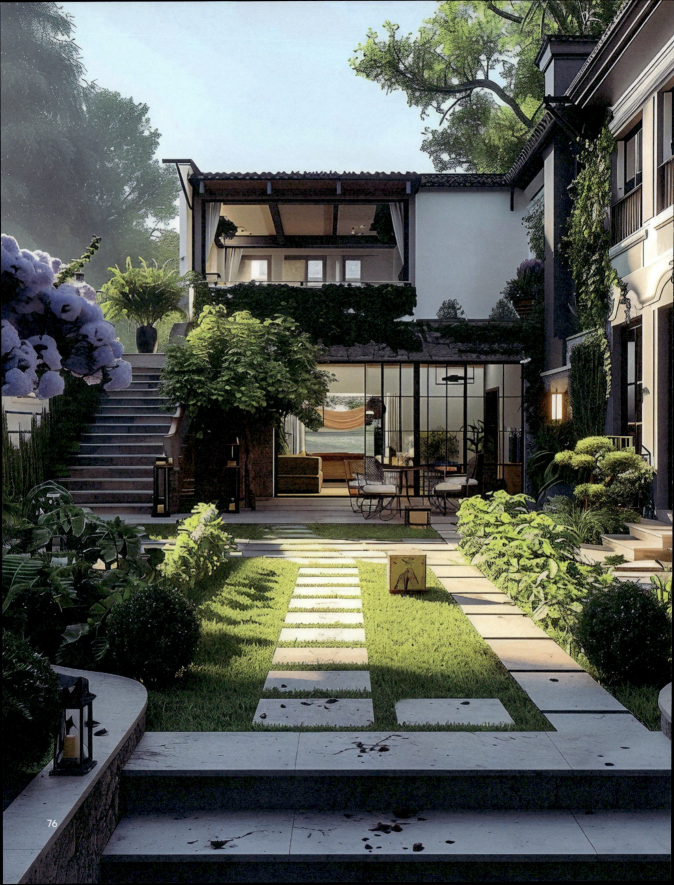

05
/// CHEMINS /

06
/// DÉCORS & PISCINES /

07
/// PARTERRE DE FLEURS /

08

/// LUMIÈRE ET FEU /

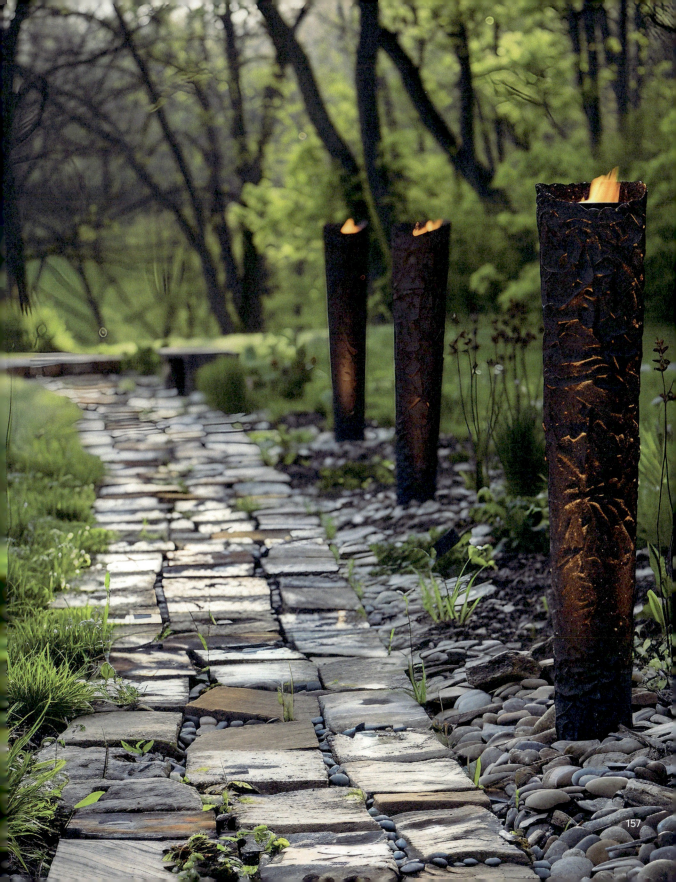

09

/// À LA FRANÇAISE /